Tacio Philip Sansonovski

CAT ART

Obras de arte criadas por inteligência artificial

ilustrando gatos inspiradas em artistas famosos

1ª edição

Volume 2

Bragança Paulista

Edição do autor

2022

S229c	Sansonovski, Tacio Philip, 1977 -
	Cat art: obras de arte criadas por inteligência artificial, inspiradas em artistas famosos, ilustrando gatos – volume 2 / Tacio Philip Sansonovski. -- Bragança Paulista, 2022
	ii, 84p.: il., color; 23 cm.
	ISBN 978-65-00-54223-3
	1. Inteligência Artificial. 2. Arte. 3. Gatos. I. Título. II. Sansonovski, Tacio Philip.
	CDD 776
CDU 77	

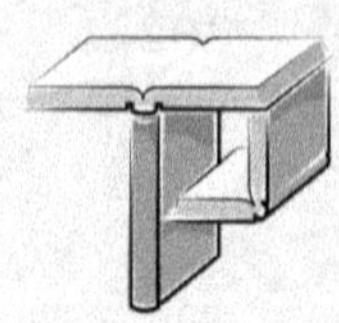

Agradecimentos especiais a todos os gatos
e a todas as pessoas que
ajudam estes lindos bichanos

SE PUDER, ADOTE!
SE NÃO PUDER, AJUDE QUEM ADOTA!
SE NÃO PUDER, DIVULGUE O TRABALHO
DE QUEM AJUDA E ADOTA!

Quase um arrastão na hora do petisco

Meu nome é Tacio Philip e acho um pouco difícil resumir em poucas palavras quem eu sou, o que eu faço e o que eu gosto.

Baseado no tema deste livro e apostando no gosto pessoal de meus leitores, a primeira coisa que posso dizer é que adoro gatos! Quando eu nasci já tinham gatos em casa, cresci com gatos, sempre vivi com gatos e hoje moro em uma chácara no interior de São Paulo com minha esposa e 12 gatos (isso sem contar os que vem apenas para visitar e comer: sempre tem um pote de ração e de água do lado de fora da casa para estes visitantes, além de outros 5 gatos na casa da minha mãe).

Agora pensando em formação tradicional, eu "passeei" por várias áreas do conhecimento: sou técnico em química, entrei na faculdade em bacharelado em física, depois de 2 anos abandonei, transferi de curso, depois de 4 anos me formei em bacharelado e em licenciatura em química, guardei os diplomas na gaveta e resolvi ser fotógrafo (principalmente de insetos). Depois cursei algumas extensões em entomologia (estudo dos insetos) e, depois de ter transitado pelas exatas e pelas biológicas entrei também na área de humanas cursando uma pós-graduação em fotografia.

Hoje um dos meus trabalhos é com fotografia, principalmente a macrofotografia, uma técnica com a qual me especializei e já publiquei livro, publiquei uma revista especializada, colaborei com matérias em revistas, realizei dezenas de exposições individuais, participei de outras dezenas de coletivas, colaborei em publicações científicas, ensinei centenas de pessoas a fotografar em meus cursos e workshops (tanto fotógrafos amadores quanto profissionais que usam a fotografia como ferramenta de trabalho) e fundei e mantenho o site www.macrofotografia.com.br.

Também comercializo fotografias, sejam elas para uso decorativo em residências, escritórios etc., quanto para ilustração de matérias, uso científico etc. Tenho um banco de imagens especializado e ainda realizo alguns trabalhos fotográficos por encomenda, tudo isso além de continuar estudando fotografia cada vez mais, hoje em dia principalmente com ênfase na filosofia da fotografia.

Sou um apaixonado por natureza e atividades ao ar livre, sou escalador e montanhista, dou cursos sobre estes temas e levo pessoas para terem experiências nestas atividades outdoor, também tenho cursos (principalmente online) sobre navegação com aparelhos GPS (uso recreativo ou profissional), macrofotografia e close-up, ajustes de imagens com Photoshop e de manuseio de calculadoras hp Prime e hp 50g, modelos usados principalmente por alunos de engenharias.

E para complementar o trabalho e assim conseguir sustentar mais de uma dúzia de gatos (além de poder colaborar com ongs e pessoas que resgatam e cuidam de gatos), publiquei livros sobre diversos assuntos (macrofotografia, histórias de montanhismo e escalada, uso de calculadoras hp Prime, hp 50g e hp 12c).

Agora lanço esta coleção de livros, sendo que este que está em suas mãos é o segundo volume, com imagens de gatos criadas por inteligência artificial e inspiradas em artistas famosos, o que faz uma ponte entre três temas que eu gosto: gatos, arte e tecnologia.

Nas suas páginas finais mostro ainda algumas fotos dos meus gatos (qual gateiro não gosta de mostrar fotos de seus gatos, ainda mais sendo fotógrafo?) e também algumas fotografias do meu trabalho profissional na área.

Espero que você gosta deste livro, divulgue para seus amigos "gateiros", dê deste livro de presente para seus amigos "gateiros", e não deixe de conhecer meus sites e seguir minhas redes sociais.

Tacio Philip

Acesse https://linktree.tacio.com.br
para saber mais sobre mim e
conhecer meus trabalhos

De tempos em tempos o mundo das artes é sacudido com inovações que tiram muitos artistas de suas zonas de conforto. No século XIX, por exemplo, com o surgimento da fotografia alguns artistas chegaram a declarar que "a arte está morta" e que "não há mais sentido em realizar pinturas", já que esta nova ferramenta realizava com maestria o que era o sonho de muitos artistas (e eles não podiam estar mais errados, tanto é que a pintura continua bem viva atualmente).

Acredito que hoje vivemos um momento similar com o surgimento de programas de computador capazes de criar imagens a partir de linhas de texto, baseados em algoritmos de inteligência artificial (IA) que "aprendem a desenhar" a partir de uma enormidade de dados de referência (imagens).

Em outras palavras: estas novas ferramentas, que estão a cada dia mais acessíveis e retornando melhores resultados, permitem que você digite um texto, por exemplo: "a cat in Kandinsky style" (um gato no estilo do Kandinsky) e tenha como retorno uma imagem de um gato no seu estilo, ou seja, como se fosse uma pintura de Wassily Kandinsky!

E não, estes programas não buscam imagens prontas de acordo com seu texto como se fossem uma ferramenta de busca. Eles realmente criam novas imagens baseadas no texto que foi dado como entrada!

E as imagens de gatos exibidas neste livro foram criadas desta maneira!

Depois de experimentar algumas dessas ferramentas, ver com qual me adaptava melhor, depois de realizar dezenas, ou melhor, centenas de testes para entender pelo menos o básico sobre seu funcionamento, decidi criar imagens de gatos estilizados como se tivessem sido criados por artistas famosos e publicar uma seleção deste resultado.

Sendo assim, depois de criar – literalmente - mais de mil imagens de gatos baseadas em mais de uma centena de artistas (o algoritmo de criação se inspira no estilo dos artistas), fiz o trabalho de "curadoria" para conferir se as imagens pelo menos "lembravam" o estilo do artista em questão (a inteligência artificial ainda não é tão inteligente e aparentemente nem conhece todos os artistas, tanto que alguns deixei de fora por não conseguir enxergar semelhança no resultado obtivo e no trabalho de alguns artistas), selecionei as imagens que mais me agradaram, redimensionei (o que também foi feito utilizando algoritmos de IA) para um tamanho que permite a impressão neste livro, escrevi estes parágrafos, diagramei, exportei, enviei e, finalmente, publiquei!

Resumindo, você tem em mãos um livro com 120 imagens de gatos, todas criadas por IA inspiradas em pinturas, desenhos, ilustrações de uma seleção de 60 artistas famosos.

Mas como eu disse: a IA (ainda) não é tão inteligente!

Use este livro "com moderação" com o objetivo de desfrutar de belas imagens de gatos e para instigar a sua imaginação.

Este é um livro para quem gosta de gatos apreciar belas imagens, não para um estudo sério de obras reais de artistas famosos e nem de história da arte! ☺

Eu fotografando meus principais modelos: os insetos!

As imagens apresentadas neste livro no estilo de artistas famosos foram criadas usando programas de inteligência artificial (IA) que criam imagens a partir de linhas de texto.

Esta ferramenta está se popularizando a cada dia e já existem várias opções disponíveis, seja para você baixar e rodar em seu próprio computador, sites que rodam a programação remotamente e até aplicativos para celulares.

Para criar as imagens contidas neste livro eu usei a SD (Stable Diffusion) acessada remotamente através do site Hugging Face (https://huggingface.co/) onde, depois de entender "um pouquinho" como ela funciona, comecei a ter resultados que me agradaram e com isso surgiu a ideia deste livro unindo gatos, arte e tecnologia.

Além disso, todas as imagens foram inicialmente criadas em resolução baixa, o que é suficiente para apreciação na tela do computador (ou do smartphone), mas não o suficiente para a impressão com qualidade em um livro, necessitando ampliação, sendo que para isso também usei plataformas de IA que fazem este trabalho muito melhor que simples programas de ajuste/manipulação de imagens.

Para redimensionar as imagens também experimentei mais de uma dessas ferramentas disponíveis e, dependendo do resultado obtido/esperado, dei preferência para alguma delas.

Foram usadas uma que propõe simplesmente "Melhorar Qualidade de Imagem" retornando (na maioria dos casos) uma imagem com resolução 4x maior que a inicial (https://zyro.com/br/ferramentas/upscaler-de-imagem), outra mais focada em anime, mas que também permite um bom redimensionamento de fotografias em até 2x (http://waifu2x.udp.jp/index.pt.html) e ainda outra onde você pode escolher quantas vezes quer que sua imagem seja aumentada (https://replicate.com/nightmareai/real-esrgan).

Para o redimensionamento final para o tamanho que as imagens são impressas neste livro (e para outras fotografias, fundo etc.) usei o Photoshop, o diagramei no Word (sim, eu sei que não é a melhor opção, mas é o que tenho mais familiaridade) e depois exportei em pdf para que fosse impresso pela gráfica.

Um longo caminho desde o conceito até este material pronto que você tem em mãos. Espero que você goste! ☺

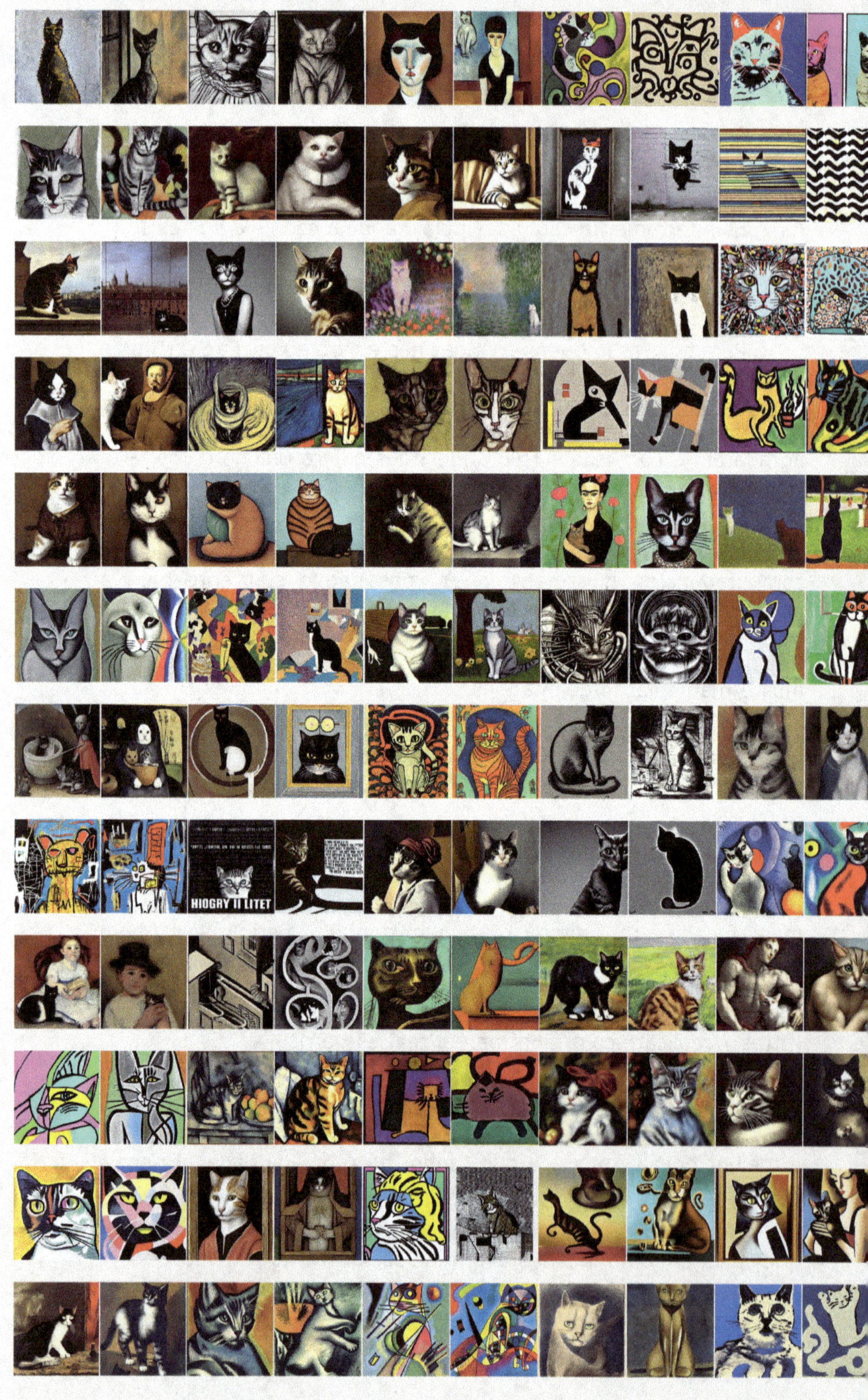

1. Alberto Giacometti
2. Albrecht Durer
3. Amadeo Modigliani
4. Andre Masson
5. Andy Warhol
6. Anita Malfatti
7. Anthony Van Dyck
8. Artemisia Gentileschi
9. Banksy
10. Bridget Riley
11. Canaletto
12. Cindy Sherman
13. Claude Monet
14. Clyfford Still
15. Damien Hirst
16. Diego Velazquez
17. Edward Munch
18. Egon Schiele
19. El Lissitzky
20. Ernst Ludwig Kirchner
21. Federico Barocci
22. Fernando Botero
23. Francisco de Goya
24. Frida Kahlo
25. Georges Seurat
26. Georgia O'Keeffe
27. Gino Severini
28. Grant Wood
29. Hans Rudolf Giger
30. Henry Matisse
31. Hieronymus Bosch
32. Hilma af Klint
33. Ivan Yakovlevich Bilibin
34. Jacques Callot
35. James McNeill Whistler

36. Jean-Michel Basquiat
37. Jenny Holzer
38. Johannes Vermeer
39. Man Ray
40. Marc Chagall
41. Mary Cassatt
42. Maurits Cornelis Escher
43. Max Ernst
44. Max Liebermann
45. Michelangelo
46. Pablo Picasso
47. Paul Cézanne
48. Paul Klee
49. Pierre-Auguste Renoir
50. Rembrandt
51. Robert Delaunay
52. Roger Van Der Weyden
53. Roy Lichtenstein
54. Salvador Dali
55. Tamara de Lempicka
56. Tiziano Vecelli
57. Umberto Boccioni
58. Wassily Kandinsky
59. William Blake
60. Yves Klein

1. Alberto Giacometti

HIOGRY II LITET

40. Marc Chagall

**ADOTE GATOS E AJUDE QUEM
RESGATA E ADOTA GATOS!**

**PARA MAIS IMAGENS E
FOTOGRAFIAS SIGA
@CATARTBR NO INSTAGRAM**

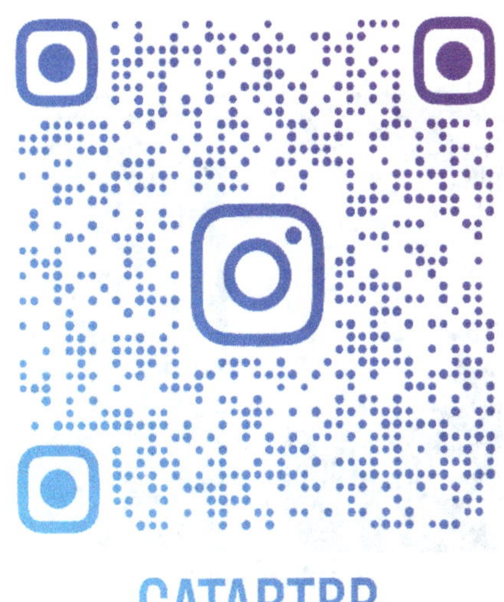

Algumas fotos dos meus gatos

Alpamayo

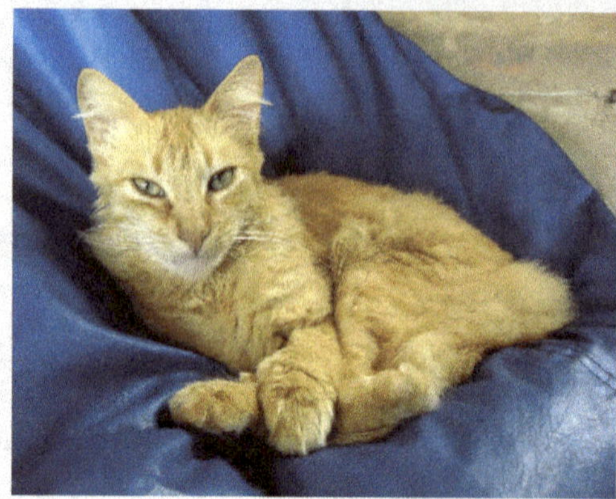

Annapurna

Denali

Fitz Roy

Huandoy

Kankawa

Algumas fotos dos meus gatos

Latok

Nanga Parbat

Trivor

Wampu

Yana

Yangra

Libélula

Detalhe de flor de Íris

Abelhas Jataí

Action(photo)Painting

Travessia da Serra Fina

Lorena durante escalada em São Bento do Sapucaí

Acesse https://linktree.tacio.com.br
para saber mais sobre mim e
conhecer meus trabalhos

Espero que tenha gostado deste livro em suas mãos!

Tenha certeza que ele foi criado com muito carinho por alguém que ama os gatos, para quem também ama os gatos.

Além disso, adquirindo e divulgando esta coleção você está me ajudando a manter a grande família de 12 gatos daqui de casa (além dos visitantes) e também a outras ongs e pessoas que ajudam e resgatam gatos. Sempre que eu posso, eu ajudo (sempre que puder faça o mesmo, os gatinhos merecem e agradecem!).

Não esqueça de seguir o perfil @catartbr no Instagram, conheça meus outros trabalhos com fotografia (e outras áreas) através do link linktree.tacio.com.br e caso tenha interesse em algum material ilustrado neste livro (entre outros) entre em contato.

Todas as imagens deste livro e muito mais do meu trabalho em diversas áreas da fotografia estão disponíveis no formato físico para decoração de ambientes residenciais ou empresariais (impressões fotográficas, quadros com impressão fineart, tela canvas etc.), para licenciamento de uso comercial e também no formato NFT, ou seja, imagens para todos os gostos, necessidades e em diversos formatos!

E se você for de alguma editora, tiver gostado deste material e houver interesse em publicá-lo, também entre em contato.

Esta primeira edição está sendo lançada de maneira totalmente independente e com produção por demanda, mas adoraria vê-lo com uma distribuição maior e com uma grande divulgação a nível nacional (e por que não internacional?).

E caso ainda não tenha, não esqueça de adquirir o volume nº 1 para completar a sua coleção. Colaborando com este projeto você está ajudando muitos gatos e em breve pretendo lançar mais volumes com imagens deste tema que tanto amamos: os gatos! 😉

Tacio Philip

Tacio Philip Sansonovski - Bragança Paulista - SP - 2022

www.tacio.com.br